2 3 4/5 6/7

8 9 10 11

12/13 14/15 16/17 18/19 20 21

22 23 24 25 26/27 28 29

30/31 32 33 34 35 36 37

38 39 40 41 42 43/44

Kennst du diese Bäume? Wie heißen sie?

Die Amsel will sich ausruhen.
Sie sucht einen Baum.

- Male einen Baum.

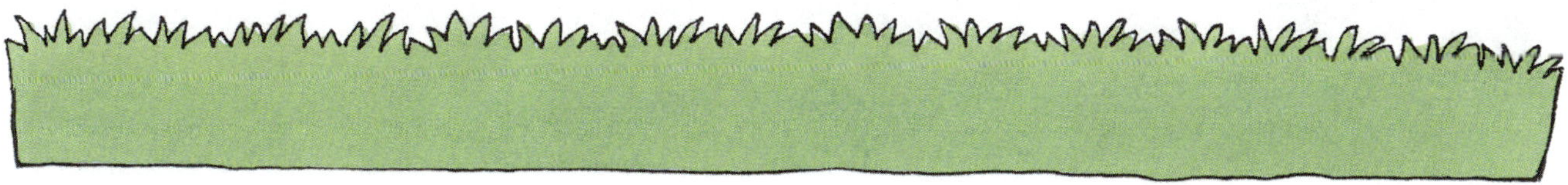

Baum

Bäume sind der Lebensraum für viele Tiere. Auch für Eichhörnchen, Specht, Maus, Rotkehlchen, Marder und Amsel. Sie wohnen hier und finden Futter.

- Suche diese Tiere auf Seite 5. Trage die Ziffern hier ein.

- Findest du noch weitere Tiere? Male sie in der richtigen Farbe aus.
- Male den Baum aus.

Es gibt viele Bäume. Manche haben Blätter, manche Nadeln.

- Kreise alle Laubbäume rot und alle Nadelbäume blau ein.

Buche

Kiefer

Ahorn

Fichte

Lärche

Birke

Kastanie

Eiche

Tanne

Wie heißen die Teile des Laubbaumes? Verbinde.

- Blatt
- Ast
- Krone
- Zweig
- Stamm
- Wurzel

Fällt dir etwas auf?

■ Wie heißen die Teile des Nadelbaumes? Verbinde.

Nadel

Ast

Krone

Zweig

Stamm

Wurzel

- Finde acht Unterschiede.

- In jeder Zeile und Reihe darf jedes Bild nur einmal vorkommen. Zeichne die richtigen Bilder ein.

Laubbäume haben unterschiedliche Blätter, Blüten und Früchte.

■ Schneide die Blätter und Früchte von Seite 45 aus. Ordne sie zu und klebe sie ein.

Kastanie

Eiche

Birke

Buche

Nadelbäume haben unterschiedliche Nadeln und Früchte. Die Früchte heißen Zapfen.

- Schneide die Bilder von Seite 47 aus. Ordne sie zu und klebe sie ein.

Kiefer

Lärche

Tannenzapfen kann man nicht am Boden finden. Die Tanne wirft ihre Zapfen nicht ab, nur einzelne Schuppen. Die Fichte wirft ihre Zapfen ab.

Fichte

Tanne

Ein Baum verändert sich. Zu welchen Jahreszeiten gehören diese Bilder?

- Ordne zu: **Frühling, Sommer, Herbst, Winter.**

Ein Baum braucht sehr viele Jahre, bis er groß ist. Aus seinen Früchten entstehen neue Bäumchen.

- Ordne jedem Bild den richtigen Satz von Seite 19 zu.

1
Im Herbst fallen die Buckeckern auf den Boden.

2
Die Buchecker keimt und bildet Wurzeln.

3
Nach einem Jahr ist die Buche etwa 20 Zentimeter groß.

4
Nach fünf Jahren ist der Stamm so dick wie ein Bleistift.

Die Baumrinde ist ein Schutz für den Baum.

- Zu welchen Bäumen gehören diese Rinden? Ordne **Eiche, Birke, Buche** richtig zu.

Das Alter eines Baumes kann man durch seine Jahresringe bestimmen.
Jedes Jahr wächst dem Baum ein neuer Ring.

- Das ist eine Baumscheibe. Zeichne sie fertig.
- Wie alt ist der Baum geworden? Trage ein.

Der Baum wurde ______ Jahre alt.

Hier war er ______ Jahre alt.

Hier war er ______ Jahre alt.

Wähle einen Laubbaum aus. Beschreibe und male ihn.

Steckbrief

Name:

Frucht:

Blattform:

Rinde:

- Wie sieht ein Blatt von deinem Laubbaum aus? Male das Blatt oder klebe ein.

- Setze die Wörter **gelb, Herbst, Blättern, braun, Baum, rot, färben** richtig in den Text ein.

Im ____________________ richtet sich der ____________________ auf den Winter ein.

Er hört dann auf zu wachsen. Langsam zieht er das Blattgrün aus den ______________

in den Stamm zurück. Nun ________________ sich die Blätter ____________________,

____________________ oder auch __________________.

- Wie kommt das Eichhörnchen zum Baum?

■ Kennst du diese Bäume? Wie heißen sie?

■ Male, wie sich der Apfelbaum im Laufe des Jahres verändert.

Frühling

Sommer

Herbst

Winter

■ Schneide einen Apfel in der Mitte auseinander.
Male auf, was du siehst.

- Wie viele grüne Äpfel findest du?
- Gibt es mehr rote Äpfel oder mehr gelbe Äpfel?
- Was frisst das Eichhörnchen?
- Gibt es mehr Pflaumen oder mehr Kirschen?
- Wer trägt alles einen Hut?
- Wo ist die Birne?
- Wie viele Kastanien findest du?
- Wie viele Kastanienblätter findest du?
- Von welchen Laubblättern sind genau zwei da?
- Erfinde eigene Fragen.

Wie heißen diese Bäume? Verbinde Bild und Wortkarte richtig.

Linde

Walnuss

Eberesche

Es gibt auch Sträucher. Sie haben aber keinen Stamm, so wie die Bäume.

- Kennst du diese Sträucher? Wie heißen sie? Verbinde Bild und Wortkarte richtig.

Hagebutte | Himbeere | Johannisbeere | Haselnuss

- Zu welchem Strauch gehören diese Blüten?

Stäucher

Eichhörnchen leben im Wald, in Gärten und Parkanlagen. In den Bäumen bauen sie ihre Nester. Sie haben einen buschigen Schwanz. Er hilft ihnen, von Baum zu Baum zu springen.

- Wie heißen die Körperteile des Eichhörnchens?
  Trage die Ziffern ein

	Nase
	Augen
	Vorderbeine
	Krallen
	Hinterbeine
	Pinselohren
	Schwanz

■ Kreise ein, was ein Eichhörnchen frisst.

- Schreibe einen Steckbrief zum Eichhörnchen.
- Welche Körperteile fehlen in der Zeichnung? Ergänze sie.
- Welche Farbe hat das Fell. Male aus.

Steckbrief

Tier:

Aussehen:

Nahrung:

Lebensraum:

Interessantes:

Der Buntspecht lebt in Wäldern, Parks und Gärten. Er baut sich im Baumstamm eine Höhle. Dazu benutzt er seinen langen Schnabel.

- Wie heißen die Körperteile des Spechtes?
  Beschrifte: **Schnabel, Zehen, Krallen, Schwanz.**
  Welche Farbe hat das Gefieder. Male aus.

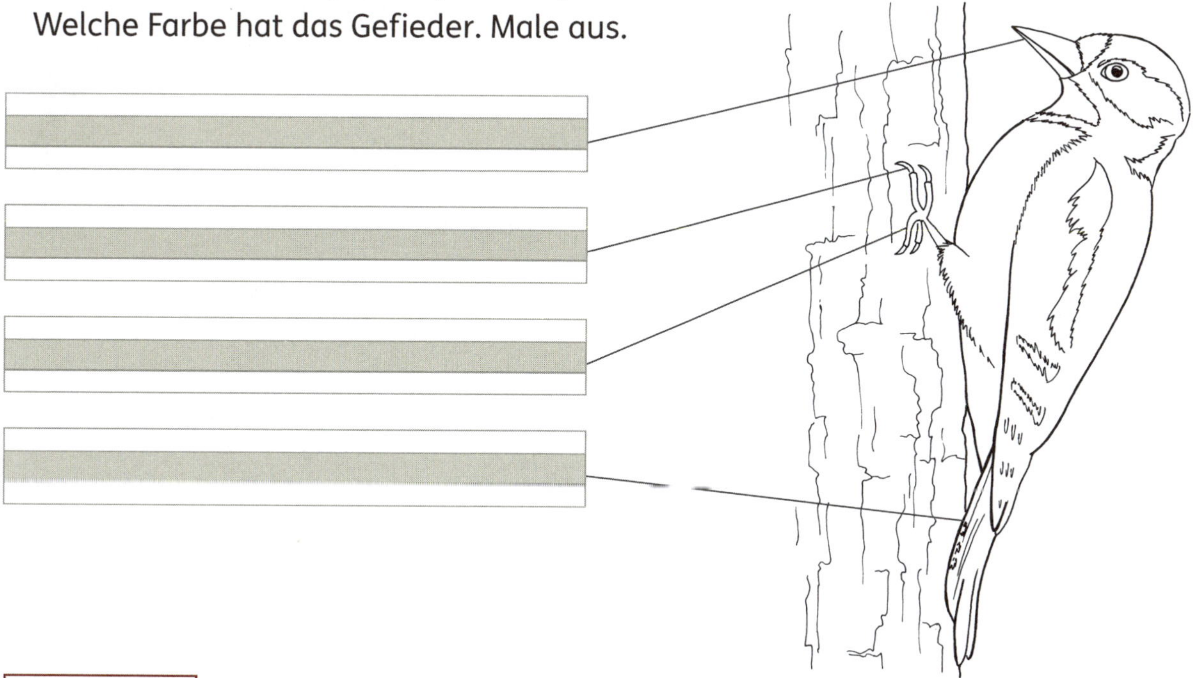

Test, S. 43/44

Der Specht frisst Nüsse, Zapfen, Larven und Insekten.
Mit seiner langen Zunge kommt er gut an die Larven und Insekten heran.

- Streiche durch, was ein Specht nicht frisst.
  Male aus, was er frisst.

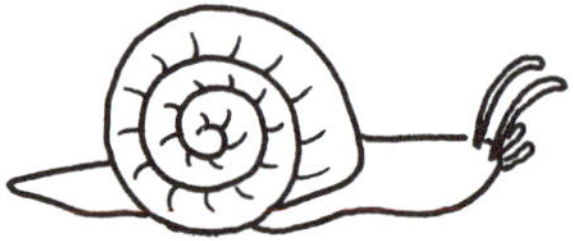

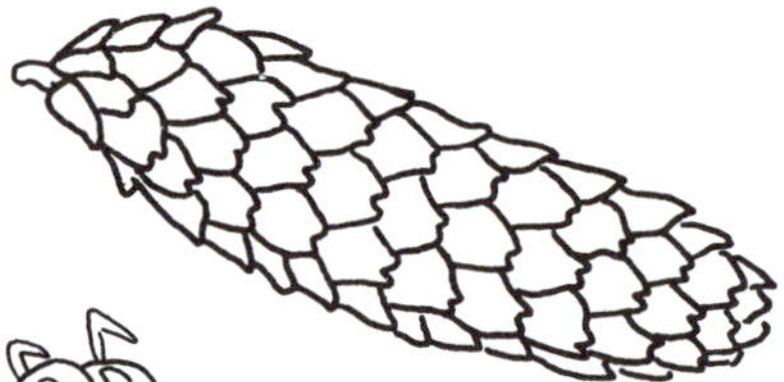

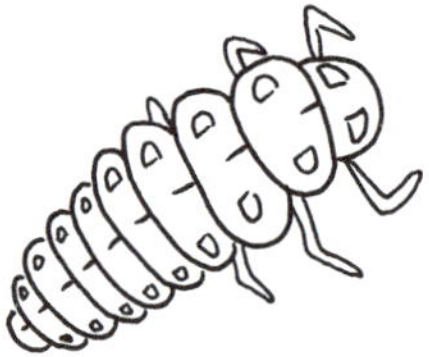

Der Borkenkäfer ist für Bäume sehr gefährlich. Er frisst sich durch die Rinde und legt seine Eier dort ab. Meistens ist der Baum dann so krank, dass er gefällt werden muss. Ein Borkenkäfer ist etwa so groß.

- Schneide die Textkarten von Seite 45 aus. Ordne sie den Bildern zu.

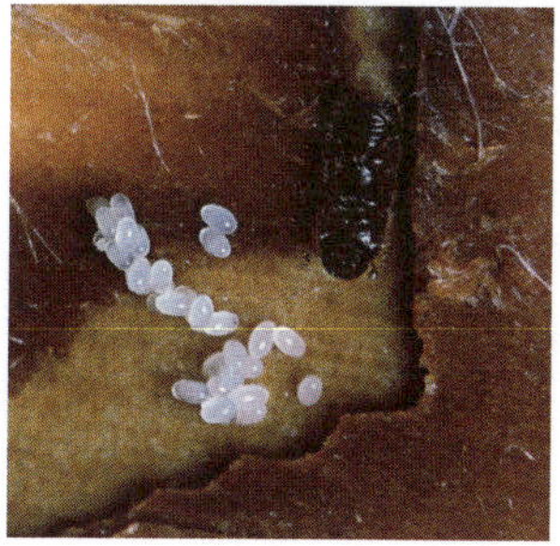

So schadet man den Bäumen und Tieren im Wald.

■ Schreibe drei Regeln zum Verhalten im Wald auf.

Der Wald ist für uns Menschen sehr wichtig.
Vielen Tieren gibt er Nahrung und Lebensraum.

- Was gibt uns der Wald? Ordne zu: **Holz, Erholung und Ruhe, saubere Luft.**

- Was hast du im Wald schon beobachtet?
  Male oder schreibe.

1 Ordne den Laubbäumen ihre Blätter und Früchte zu.

Eiche

Kastanie

Buche

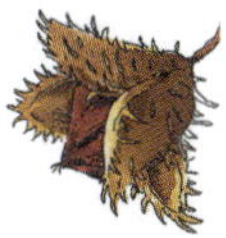

6

2 Zu welchen Nadelbäumen gehören diese Zweige und Zapfen? Ordne zu.

3

Fichte

Lärche

Kiefer

3 Nenne zwei Tiere, die in Bäumen leben.

2

11

► zu Seite 12 und 13

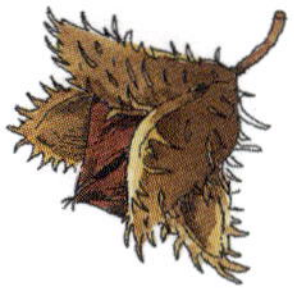

► zu Seite 39

Jungkäfer
Aus der Puppe schlüpft der Käfer.

Eier
Das Weibchen legt Eier unter die Rinde.

Puppe
Die Larve verpuppt sich.

Larve
Die Larve frisst sich durch das Holz.

▶ zu Seite 14 und 15